Sabine Wieser · Bildschönes Mostviertel

MIX
Paper | Supporting responsible forestry
FSC® C004378

Als Quellen für die Sachtexte (ⓘ) dienten mit freundlicher Genehmigung der Betreiber folgende Internetauftritte:
Niederoesterreich.at (Niederösterreich-Werbung GmbH)
Mostviertel.at (Mostviertel Tourismus GmbH)

www.ennsthaler.at

ISBN 978-3-7095-0148-1
Sabine Wieser · Bildschönes Mostviertel

Ennsthaler Gesellschaft m.b.H. & Co KG, 4400 Steyr, Austria
Satz und Umschlaggestaltung: ATZ Druckwerkstatt, Steyr
Alle Fotos: © Sabine Wieser – www.sabinewieser.com
Porträtfotos Sabine Wieser: © Schafranek – Foto | Film
Kartografie: Erstellt auf Basis einer Landkarte der Mostviertel Tourismus GmbH
Icons: iStock.com/greyj
Druck und Bindung: PBtisk a.s.

Klimaneutral
Druckprodukt
ClimatePartner.com/14924-2209-1001

Sabine Wieser

Bildschönes MOSTVIERTEL

Eine fotografische Reise
entlang der Most- und Eisenstraße

ENNSTHALER VERLAG STEYR

Herzenslust

ÜBER MICH

Ich, Sabine Wieser, bin 1991 in Amstetten im Mostviertel geboren und eine leidenschaftliche Porträt- und Landschaftsfotografin. Dieser Bildband, mein Herzensprojekt, soll für dich ein Anreiz sein, das Mostviertel einmal in einem anderen Licht zu betrachten und auch ganz neu zu entdecken.

Seien wir uns mal ehrlich, wer liebt nicht die prachtvolle Birnbaumblüte im Frühling. Oder den Blick auf den Ötscher im Spätherbst, wenn er schon leicht mit Schnee angezuckert ist. Oder die kontrastreichen Äcker, die vor allem von höher gelegenen Aussichtspunkten eine Augenweide sind.

Hier bin ich zu Hause, hier blüht mein Herz auf und hier gibt es für mich immer wieder so viel Neues zu entdecken.

Sabine Wieser
FOTOGRAFIE

www.sabinewieser.com

MEIN WARUM

Diesen Bildband widme ich allen naturbegeisterten Menschen, die unsere schöne Landschaft zu schätzen wissen. Auf den folgenden Seiten findest du fotografische Einblicke, Tipps und persönliche Anmerkungen, unterlegt mit sachlichen Infos über das Mostviertel.

Jedes Bild erzählt eine ganz eigene Geschichte – meine Geschichte in Bildern, begleitet von Gefühlen wie Mut, Freude und vor allem Momenten der Hoffnung und dem Vertrauen darauf, den perfekten Augenblick mit meiner Kamera einzufangen und für immer festzuhalten.

Ich habe mich in den vergangenen Jahren intensiv damit beschäftigt, das Mostviertel zu fotografieren. Konzentriert habe ich mich vor allem auf die Most- und Eisenstraße sowie die Ybbstaler Alpen. Entstanden ist ein bunter Mix aus Detailaufnahmen, weitwinkeligen Landschaftsbildern und Fotos aus der Ferne – vorwiegend zu Sonnenauf- und Sonnenuntergang. Oft stehen Vierkanter, vereinzelte Bäume, allein stehende Kirchen oder Naturpanoramen im Vordergrund. Die Vielfalt und Originalität dieser Orte mit passender Lichtstimmung sind für mich die Grundvoraussetzung für ein »gelungenes« Bild.

Mein Buch soll aber kein Ratgeber für das Ablichten von Landschaften sein. Vielmehr habe ich Gedanken zu meinen Bildern niedergeschrieben und gebe Einblick in mein fotografisches Verständnis: Was ist ein schönes Bild? Wann ist ein Bild spannend? Wie hat sich die Aufnahme ergeben? Gibt es auch eine interessante Geschichte zum Bild? Auf die Frage nach der Schönheit muss jeder für sich selbst eine Antwort finden, denn Schönheit liegt im Auge des Betrachters, und Geschmäcker sind bekanntlich verschieden. Meine Bilder leben von ihren Lichtstimmungen und werden weitgehend natürlich in Photoshop oder Lightroom bearbeitet. Das bedeutet, dass ich Helligkeit, Farben, Kontraste oder auch störende Bildelemente anpasse.

Bevor es losgeht, siehst du mich in Aktion und absolut in meinem Element. Die Fotografie – ich habe sie mir autodidaktisch beigebracht – ist für mich schon lange nicht mehr nur eine Leidenschaft. Sie ist so viel mehr, das ich nur schwer in Worte fassen kann. Eine Mischung aus Herzklopfen, Faszination, Anspannung und manchmal auch Enttäuschung, wenn ich das gewünschte Foto nicht umsetzen konnte.

Warum ich so viel von Emotionen schreibe? Ich hoffe, mit meinen Bildern positive Reaktionen in dir auszulösen. Angenommen, ich würde meine Bilder rein sachlich und neutral aufnehmen, so würde etwas fehlen. Begeisterung ist meiner Ansicht nach der Schlüssel zum Erfolg und ständige Weiterbildung das i-Tüpfelchen.

Meine treuen Begleiter auf meinen Fotoreisen sind die Canon EOS 5D Mark IV und die Canon EOS R5. Zusätzlich verwende ich je nach Fotospot die folgenden Brennweiten: 35 mm, 90 mm, 150 mm, 16–35 mm, 24–70 mm und 70–200 mm.

Du findest zu vielen Bildern den Ort und die wichtigsten EXIF-Daten, und zwar in dieser Reihenfolge:

Blende, Brennweite, Belichtungszeit, ISO

f4 42 mm 1/200 ISO 800

Wann, wenn nicht jetzt schöne Augenblicke erleben und einprägen? Den Moment an sich genießen bedeutet nicht unbedingt, dass er auch fotografisch festgehalten werden muss. Ich möchte dir einfach gern empfehlen, mit deinen Eltern, Kindern, Freunden, deinem Partner oder ganz allein einen Ausflug zu einigen hier gezeigten Orten zu machen und die Natur auf dich wirken zu lassen.

Es freut mich, wenn du ein klein wenig Inspiration aus meinen Bildern schöpfen kannst und sie als Impuls siehst, selbst wunderbare Momente einzufangen – ganz gleich ob mit deinem Handy oder einer professionellen Kamera.

Bist du bereit?

ORTSREGISTER

Aufnahmen von folgenden Orten und Plätzen findest du in diesem Bildband:

Allhartsberg
Annaberg
Ardagger
Aschbach
Behamberg
Biberbach
Brandstetterkogel
Bürgeralpe
Erlaufschlucht
Ertl
Euratsfeld
Feldwiesalm
Franzenreith
Gaming
Gemeindealpe
Gresten
Haberg
Hausmening
Hochbärneck
Hochkar
Hochkogel
Hochmoor Leckermoos
Hochreit
Hochstadelberg
Hollenstein an der Ybbs
Hubertussee
Kapler Alm
Kematen an der Ybbs
Konradsheim
Krenstetten
Kröllendorf
Kürnberg
Lackenhof
Lunzer See
Maiszinken
Mariazell
Mitterbach am Erlaufsee
Mittersee
Neumarkt an der Ybbs
Neustadtl an der Donau
Obersee
Ötscher
Ötschergräben
Panoramahöhenweg
Prochenberg
Purgstall an der Erlauf
Randegg
Reinsberg
Runzelberg
Scheibbs
Schnabelberg
Seitenstetten
Siebenhütte
Sonntagberg
St. Leonhard am Walde
St. Michael am Bruckbach
Steinakirchen am Forst
Tirolerkogel
Urlingerwarte Blassenstein
Urmannsau
Waidhofen an der Ybbs
Wiesberg
Windhag
Wolfsbach
Ybbs an der Donau
Ybbsitz
Ybbstaler Alpen

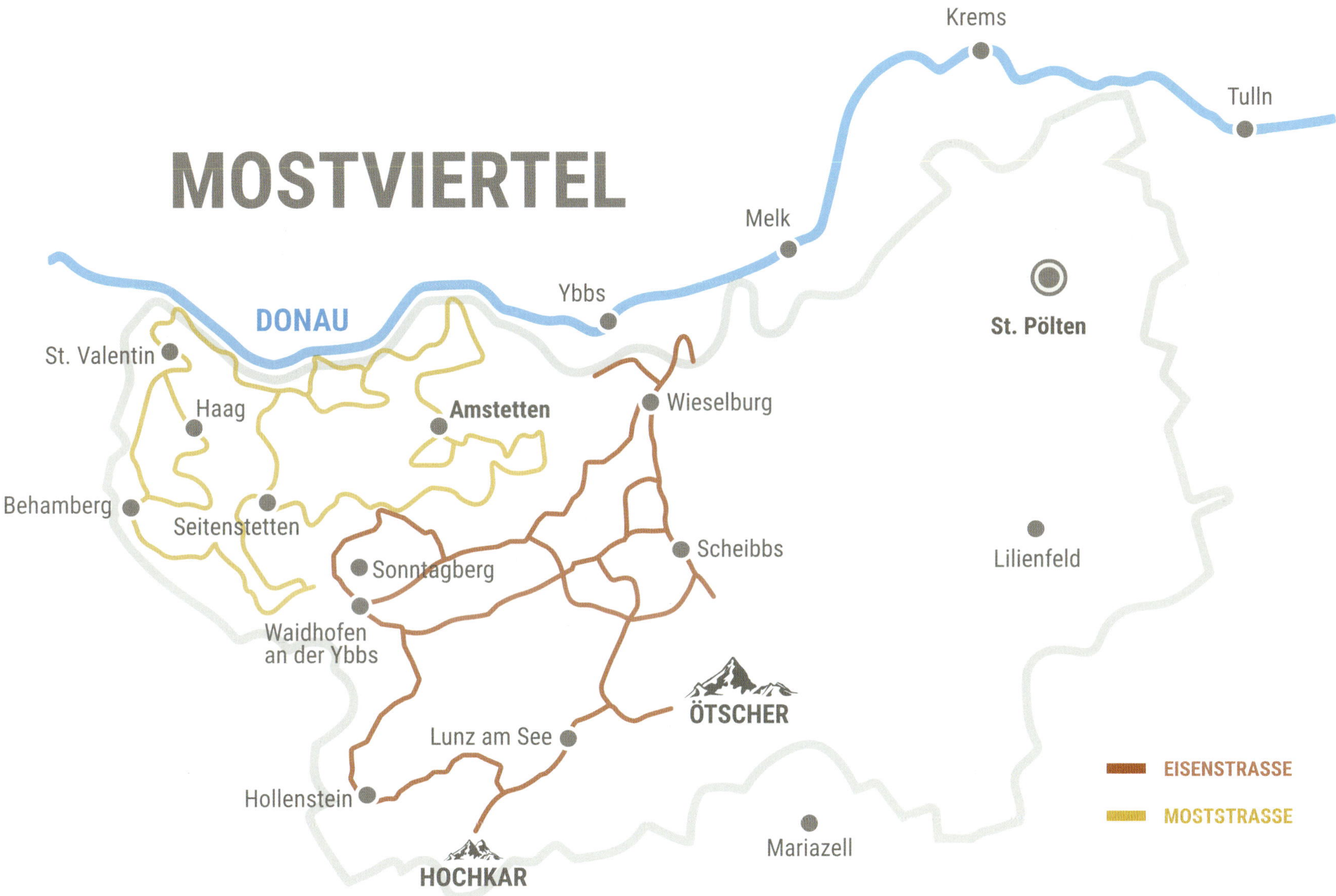
MOSTVIERTEL
DONAU
Krems
Tulln
Melk
Ybbs
St. Pölten
St. Valentin
Haag
Amstetten
Wieselburg
Behamberg
Seitenstetten
Sonntagberg
Scheibbs
Lilienfeld
Waidhofen an der Ybbs
ÖTSCHER
Lunz am See
Hollenstein
Mariazell
HOCHKAR
EISENSTRASSE
MOSTSTRASSE

Aufgenommen am Wanderweg Voralpenblick bei Ertl

DAS MOSTVIERTEL

Sanfte Hügel, fruchtbare Äcker und Wiesen im Norden, wild-romantisch und alpin die Bergwelt im Süden rund um Ötscher, Hochkar und Dürrenstein – das Mostviertel im Südwesten Niederösterreichs ist geprägt von einer großen landschaftlichen Vielfalt.

Ein Wahrzeichen dieser einmaligen Kulturlandschaft zwischen Donau und Alpenvorland ist der Mostobstbaum. Ende April ist ein Naturspektakel sondergleichen zu erleben, wenn auf den Streuobstwiesen Hunderttausende Birnbäume erblühen. Die Früchte werden zu Säften, Likören, Edelbränden und natürlich zu Most – vergorenem Birnensaft – verarbeitet. Diesem verdankt das Viertel auch seinen Namen. Die sortenreinen Birnenmoste sind europaweit einzigartig.

Gaumenfreuden, Ausflugsziele, Sportmöglichkeiten, Kulturgenuss – das Mostviertel hat zu jeder Jahreszeit und für jeden Anspruch etwas parat. Einen Vorgeschmack auf die landschaftliche Schönheit dieser liebens- und lebenswerten Region bekommst du in diesem Buch.

www.mostviertel.at
www.niederoesterreich.at
www.moststraße.at

Frühlingsgefühle

Blick auf St. Leonhard am Walde

HERAUSRAGEND

Als höchster Gipfel Niederösterreichs darf der Ötscher in meiner Fotosammlung nicht fehlen. Eine besonders magische Wirkung hat er, wenn er von den letzten Sonnenstrahlen angeleuchtet wird und noch herausragender dasteht.

Den Start in den Frühling machen für mich leicht triste und entsättigte Bilder – ein Hauch von Winter liegt noch in der Luft. Der letzte Schnee schmilzt und die Natur erwacht nach und nach mit ihren bunten Farben.

Blick auf Konradsheim zu Sonnenaufgang

VON DER SONNE GEKÜSST

Ich möchte für immer aufgeregt und glücklich sein, wenn der Himmel schöne Farben hat. Für mich selbst wünsche ich mir, dass meine Begeisterung für die Fotografie nie nachlässt, denn dadurch habe ich gelernt, meine Umgebung intensiver wahrzunehmen und unsere einzigartige Landschaft ganz besonders zu schätzen.

PANORAMAGUCKER

Beliebt am Panoramahöhenweg ist das Panorama-Picknicken, und an sechs besonderen Plätzen kann man durch »Panorama-Gucker« weit in die Landschaft schauen:

- Sonntagberg: Mostheuriger Wagenöd (Familie Bogner)
- Sonntagberg: »RUNDumSCHAU«, Ortsteil Rotte Doppel
- St. Leonhard am Walde: Bei Hofzufahrt Schindlegg (Richtung Oberrauchegg)
- Windhag: Gschnaidter Höhe (Blick in Richtung Stadtzentrum Waidhofen)
- Ybbsitz: Hubberg
- Randegg: Beim Hof Fornach, direkt an der Höhenstraße zwischen St. Leonhard am Walde und Panoramastüberl

Aufgenommen beim Feuerwehrhaus Doppel am Sonntagberg

f 2,8 24 mm 1/2500 ISO 640

Panorama
Höhenweg

Liebesbeweis

Aufgenommen am Hubberg in Ybbsitz

VIERKANTER

Typisch für das Mostviertel sind die Vierkanter, mächtige Gehöfte mit einem Umfang bis zu 200 Metern, die einst Wohnhaus und Stallungen unter einem Dach vereinten. Mehr als 2500 Vierkant- und Vierseithöfe finden sich entlang der »Moststraße«. Im Lauf der Zeit haben viele dieser Baujuwele ihre ursprüngliche Bedeutung verloren. Neue, zeitgemäße Arbeits- und Lebensformen hielten Einzug, wie Gewerbebetriebe, Büros, Mietwohnungen, Kunstateliers oder soziale Einrichtungen.

Aufgenommen in Hiesbach

f 2,8 200 mm 1/5000 ISO 400

VORALPENBLICK

Die Aussichtswarte Voralpenblick auf 730 Metern Seehöhe bietet einen sensationellen Blick über das Mostviertel bis in die Voralpen. Vom Ortszentrum Ertl ausgehend führt ein 11,5 Kilometer langer Rundweg (Schwierigkeit: leicht) durch die sanfte Mostviertler Hügellandschaft zur Warte und über St. Michael am Bruckbach wieder zurück nach Ertl.

Aufgenommen rund um St. Michael am Bruckbach

PANORAMAHÖHENWEG

Wo die Most- und die Eisenstraße zusammentreffen, erstreckt sich der Panoramahöhenweg. Fünfzig Kilometer lang und wahlweise begeh- oder befahrbar, schlängelt er sich entlang des Höhenrückens vom Sonntagberg über Windhag und St. Leonhard am Walde bis zum Hochkogelberg oberhalb von Randegg. Von oben bietet sich ein traumhafter 360-Grad-Rundumblick: im Norden bis ins Donautal, ins Waldviertel und nach Tschechien, im Süden auf die Bergwelt des Mostviertels, Oberösterreichs und der Steiermark. Markantes Wahrzeichen ist der Sonntagberg mit der barocken Wallfahrtskirche.

www.panoramahoehenweg.at

Aufgenommen in St. Leonhard am Walde

f 8 · 26 mm · 1/200 · ISO 100

Morgenzauber

RUNZELBERG

Ein wenig bekanntes Ausflugsziel mit traumhaftem Ausblick ist der 953 Meter hohe Runzelberg nahe der Burgruine Reinsberg im Bezirk Scheibbs. Vom Bauernhof Hochschlag samt Jausenstation gelangt man in einer halben Stunde zu Fuß zum Gipfelkreuz.

HAUCHZART

Die ersten Frühlingsblüher halte ich gerne mit dem Makroobjektiv fest. Gern mache ich eine Nahaufnahme aus gleicher Höhe, das bedeutet, dass ich flach auf dem Boden liege oder mit dem Klappdisplay arbeite und manuell fokussiere. Dabei kann man schön mit der Schärfe spielen und dadurch das Motiv freistellen.

f 2,8 150 mm 1/225 ISO 800

Blütenzauber

SONNENSTERN

Die wunderbare Gegenlichtstimmung verleiht den Krokussen einen schönen Glanz und die leicht hügelige Landschaft bekommt durch die Schatten eine besondere Tiefe. Einen Sonnenstern erzielt man am besten mit geschlossener Blende in Kombination mit Kanten. Unter Kanten verstehe ich, wie bei diesem Bild, das Auftreffen der Sonne auf den Hügel. Der wichtigste Faktor beim Fotografieren eines Sonnensterns ist die richtige Blendenöffnung. Ein Wert von f/8 bis f/22 ist perfekt, um große, scharf aussehende Sterne zu erzeugen. Hier erkennt man speziell, wie stark sich die Perspektive auf ein Foto auswirken kann.

Aufgenommern in Gresten

Glücksfall

Aufgenommen in Allhartsberg

PERSPEKTIVENWECHSEL

Froschperspektive oder Vogelperspektive? Manchmal bietet es sich an, einfach aus Augenhöhe zu fotografieren. Ich versuche immer mit meinem Motiv zu spielen, die Perspektive zu wechseln und mit unterschiedlichen Objektiven verschiedene Einblicke zu bekommen. Du siehst hier Bilder, die ich mit dem Weitwinkel- und Makroobjektiv gemacht habe.

Aufgenommen in Neumarkt an der Ybbs

Waidhofen an der Ybbs, aufgenommen beim Aussichtspunkt Krautberg

f 2,8 54 mm 1/6400 ISO 800

Mostbrunnen in Gresten

f 2,8 70 mm 1/8000 ISO 500

SONNENHELL

Das weiche Licht am Morgen taucht Landschaften in eine besonders fotogene Stimmung. Vor meinen Fotoausflügen informiere ich mich gern, wo in etwa der Sonnenstand ist. Dazu gibt es unterschiedliche Apps, die du verwenden kannst.

Aufgenommen in Kürnberg mit Blick auf St. Michael am Bruckbach

f 2,8 · 70 mm · 1/1600 · ISO 160

Morgenschein

DIE BIRNBAUMBLÜTE …

… ist wohl das bekannteste Frühlingsspektakel im Mostviertel. Dabei lässt sich die Natur in all ihrer Schönheit genießen. Das satte Grün mit den weißen Blüten ergibt eine perfekte farbliche Kombination.

f 3,5 200 mm 1/800 ISO 250

Blick auf St. Michael am Bruckbach

Aufgenommen in St. Leonhard am Walde f 2,8 67 mm 1/1600 ISO 500

Aufgenommen in Allhartsberg f 7,1 70 mm 1/250 ISO 800

Aufgenommen in St. Michael am Bruckbach f 6,3 177 mm 1/160 ISO 800

Aufgenommen in Behamberg f 6,3 70 mm 1/320 ISO 400

Blick auf Seitenstetten, aufgenommen in St. Michael am Bruckbach

Aufgenommen in Kürnberg

Aufgenommen in Biberbach am Karl-Lammerhuber-Blick-Weg

f 6,3 177 mm 1/160 ISO 800

Blick auf den Sonntagberg, aufgenommen in Biberbach

f 6,3 100 mm 1/1800 ISO 800

Aufgenommen beim Aussichtspunkt Mostviertel-Blick in Behamberg

f 16 32 mm 1/180 ISO 600

Aufgenommen bei der Aussichtswarte Voralpenblick in Ertl

f 5 77 mm 1/1400 ISO 320

Blick auf Waidhofen an der Ybbs, aufgenommen in Windhag

HEIMAT

Bei meinen Fotoreisen würde ich am liebsten auch Gefühle auf meinen Bildern einfangen und transportieren. Hier zeigte sich mir eine perfekte Morgenstimmung mit Birnbäumen in Vollblüte. Ich hätte mir kein schöneres Motiv wünschen können.

Aufgenommen in Allhartsberg

HÖHENSTRASSE

Entlang der Strecke vom Hochkogelberg bis hin nach St. Leonhard und weiter zum Sonntagberg befinden sich Picknickplätze mit Sitzgelegenheiten und herrlichen Ausblicken vom milden bis zum wilden Mostviertel. Unzählige Male habe ich hier schon fotografiert, und immer wieder bin ich unglaublich dankbar, in diesem Paradies leben zu dürfen. Ich kann euch diese Route vor allem zu Sonnenaufgang oder -untergang empfehlen.

Panoramahöhenweg mit Blick auf St. Leonhard am Walde

SCHNAPPSCHUSS

Um spontan Motive festzuhalten, habe ich meine Kamera im Auto meist griffbereit. Für dieses Bild sprang ich auf dem Weg zur Arbeit schnell aus dem Auto, um den sich lichtenden Nebel abzubilden. Das Licht war magisch, und ich konnte einfach nicht widerstehen, auch dieses frische Grün festzuhalten. Beim Fotografieren sind Begeisterung, Feingefühl und Spontaneität gefragt.

Aufgenommen in Allhartsberg

MEINE VORSTELLUNG VON GLÜCK

Die besten Stimmungen sammle ich frühmorgens, wenn der Tau die Landschaft in ein Glitzerkleid hüllt. Gerade bei Gegenlicht kommt hier die nasse Wiese besonders schön zur Geltung, es sorgt für das gewisse Etwas.

Blick auf den Sonntagberg

KOMPLEMENTÄRFARBEN

Betrachtet man den Farbkreis mit all seinen Farben näher, passen gegenüberliegende besonders gut zusammen. Das gelbe Rapsfeld in Kombination mit dem blauen Wolkenhimmel ist unschlagbar.

Ganz unter uns: Die Farbe Blau scheint in diesem Bildband nicht oft auf. Ich war noch nie ein Fan von blitzblauen Himmeln in der Fotografie – mit harten Schatten kann ich selten etwas anfangen. Somit werden wir uns höchstwahrscheinlich nur bei Sonnenaufgang oder -untergang über den Weg laufen.

Aufgenommen in Krenstetten

f 2,8 24 mm 1/6400 ISO 250

Farbenspiel

MAI-SCHNEE

Surreal wirkt der unerwartete Schnee im Mai in Kombination mit den saftig grünen Buchenblättern.

Fotografen aufgepasst: Buchenwälder kann ich besonders im Frühling und Herbst empfehlen. Ein tolles Laub-Spektakel bietet sich perfekt zum Festhalten an.

Aufgenommen in St. Leonhard am Walde

f 2 35 mm 1/1200 ISO 250

Aufgenommen in Scheibbs

f 2,8 37 mm 1/6000 ISO 320

Aufgenommen in Franzenreith

f 2,8 24 mm 1/500 ISO 1000

Aufgenommen in Allhartsberg

Aufgenommen in Kröllendorf f 11 35 mm 1/250 ISO 125

Aufgenommen in Allhartsberg f 2,8 51 mm 1/640 ISO 250

Aufgenommen in Hausmening f 2,8 24 mm 1/500 ISO 100

Aufgenommen in Ybbsitz f 13 46 mm 1/800 ISO 160

Freigeist

Sommerstrahlen

DIE MOSTSTRASSE

Entlang von Birnbäumen und Vierkanthöfen schlängelt sich die Moststraße rund 200 Kilometer durch das Hügelland im westlichen Mostviertel. Zahlreiche Mostheurige und traumhafte Aussichts- und Fotopunkte laden zum Verweilen ein. Besonders im Frühling, rund um den »Tag des Mostes« am letzten Sonntag im April, stehen Feste und Verkostungen auf dem Programm. Aber auch zu jeder anderen Jahreszeit ist die Moststraße kulinarisch und landschaftlich einen Abstecher wert.

Aufgenommen in Allhartsberg

f 9 20 mm 1/80 ISO 100

Aufgenommen am Sonntagberg

Aufgenommen in Kematen an der Ybbs

f 9 · 47 mm · 1/320 · ISO 250

Aufgenommen in Aschbach

f 4 · 200 mm · 1/250 · ISO 400

Aufgenommen beim Sonnwendkreis am Haberg in Steinakirchen am Forst

f 5 · 70 mm · 1/1600 · ISO 200

Aufgenommen in St. Michael am Bruckbach

f 13 · 35 mm · 1/100 · ISO 1250

HOCHKOGEL

Der beliebte Ausflugsberg für Groß und Klein ist mit 711 Metern der höchste des Gamssteins, eines Bergmassivs in den Ybbstaler Alpen. Zwei Gastbetriebe verwöhnen die Wanderer mit Mostviertler Spezialitäten, und direkt am Gipfel befindet sich ein Picknickplatz mit wunderbaren Ausblicken. Großen Zuspruchs erfreuen sich die saisonalen Feste, wie der Mostblüten-Wandertag oder die Sommersonnenwende.

f 5 80 mm 1/5000 ISO 500

URLINGERWARTE BLASSENSTEIN

Das Wahrzeichen der Stadt Scheibbs ist die Urlingerwarte auf dem 844 Meter hohen Blassenstein. Sie ist von April bis November geöffnet und auf verschiedenen Wanderrouten von Scheibbs aus erreichbar. Bei Sonnenschein ist der weite Blick in alle Himmelsrichtungen unvergleichlich.

Geweiht wurde die ursprünglich hölzerne Warte 1888 von Pfarrer Propst Paul Urlinger, einem begeisterten Bergsteiger. Der Neubau aus Stein wurde 1903 eröffnet.

YBBS AN DER DONAU

Historische Gebäude, malerische Gassen und Spazierwege, die Donaulände und viele Sehenswürdigkeiten und Veranstaltungen – die Stadt im Bezirk Melk punktet als beliebtes Ausflugsziel, vor allem bei Familien. Wundervolle Ausblicke auf die Stadt und das Donautal eröffnen die über zehn Kilometer lange Panorama-Runde oder eine Etappe am Weitwanderweg Nibelungengau. Einen Besuch wert sind das Fahrradmuseum und die Ybbsiade, ein mehrwöchiges Kabarett- und Kulturfestival im Frühjahr.

f 2,8 51 mm 1/4000 ISO 250

Gipfelglück

ÖTSCHER

Der markante, 1893 Meter hohe Berg ist das Wahrzeichen des Mostviertels und ein beliebtes Ausflugsziel. Der höchste Aussichtsberg im westlichen Niederösterreich besticht mit vielen Wanderwegen, Wasserfällen, Schluchten und Höhlen.

Im Winter ist der Ötscher ein beliebtes Skigebiet. Von Lackenhof aus kommt man mit dem Doppelsessellift bis zur Bergstation, dort befindet sich auf 1418 Meter auch das Ötscherschutzhaus. Zum Gipfel sind es dann noch etwa eineinhalb Stunden, auf die Bergfexe wartet auf dem weitläufigen Gipfelplateau ein herrlicher Panoramablick.

Man spürt es … und ich verliebe mich immer wieder aufs Neue in die wunderbare hügelige Ötscher-Kulisse und in das ganz spezielle Gefühl, das in mir aufkommt. Auf dem Ötscher muss man als echter Mostviertler zumindest einmal gewesen sein – FEEL IT!

Aufgenommen am Wiesberg in St. Leonhard am Walde

SOMMERTRAUM

Ich will weg. Einfach mal wieder träumen. Frische Luft atmen. Kraft tanken. Zeit in der Natur zu verbringen ist in mir fest verankert, und ich genieße jeden Moment. Es ist mein Ausgleich vom Alltag und zugleich eine Bereicherung.

Aufgenommen in Ardagger

DER FRÜHE VOGEL ...

Komme am besten dreißig Minuten früher vor Ort an, als du es für nötig hältst. So kannst du dich ohne Hektik vorbereiten, um den perfekten Moment mit dem idealen Licht zu fotografieren.

DIE GOLDENE STUNDE

Während der goldenen Stunde – die Stunde nach Sonnenaufgang und die Stunde vor Sonnenuntergang – kannst du magische Fotos kreieren. Getreidefelder bieten sich im Sommer als ideales Fotomotiv an.

Aufgenommen in Kematen an der Ybbs

f 16 35 mm 1/80 ISO 100

Aufgenommen in Windhag — f 2,8 · 33 mm · 1/4000 · ISO 320

Aufgenommen in Behamberg — f 9 · 24 mm · 1/250 · ISO 100

Aufgenommen in Ybbsitz — f 5,6 · 44 mm · 1/200 · ISO 200

Blick auf den Sonntagberg — f 5,6 · 90 mm · 1/600 · ISO 300

Aufgenommen an der Erlaufschlucht

STREIFLICHT

Sonnenaufgangsstimmungen haben etwas Magisches an sich. Das frühe Aufstehen und die Gehzeit im Dunkeln sind zwar nicht unbedingt mein Lieblingspart, dafür werde ich jedes Mal ganz besonders belohnt. Stets mit dabei sind meine Stirnlampe, der Fotorucksack mit lichtstarkem Weitwinkel- und Teleobjektiv sowie eine zusätzliche Fleecejacke, Haube oder Stirnband.

Aufgenommen am Hochkar/Schmalzmauer

f 2,8 70 mm 1/400 ISO 250

Aufgenommen an der Url in Aschbach

GLANZLICHT

Bei tief stehender Sonne, kurz vor Sonnenuntergang, entstehen die schönsten Fotos. Hier wechsle ich gerne in den manuellen Modus und stelle Blende, ISO und Belichtungszeit je nach Gegebenheit ein. Gerade bei Landschaftsfotos am Wasser kannst du dich mit längerer Belichtungszeit und einem Stativ spielen, um eine weiche Wasseroberfläche zu erzielen.

Aufgenommen am Sonntagberg

AUS DER REIHE TANZEN

Hab nur Mut, beim Fotografieren deine eigenen Ideen zu verwirklichen und eine eigene Bildsprache zu entwickeln! Finde einen Bearbeitungsstil, der zu dir passt, und zieh dein Ding durch. Tolle Lichtstimmungen machen ein Bild interessant, und ganz egal welche Kamera du besitzt, es kommt viel mehr auf die Person dahinter an – auf dich!

GOLDENER SCHNITT

Generell gilt, dass Fotos, die sich an der Drittel-Regel orientieren, auf den Betrachter spannend und interessant wirken. Als Hilfestellung kann man sich bei den meisten Kameras einen Drittelraster direkt im Sucher oder auf dem Display anzeigen lassen.

Blick auf Windhag, aufgenommen am Schobersberg

f 13 70 mm 1/120 ISO 200

Sommerduft

WALDSZENEN

Die tief stehende Sonne schmeichelt ihrer Umgebung, und so liebe ich es, im Wald verschiedene Momente festzuhalten. Eine Mischung aus Detail- und Weitwinkelaufnahmen macht sich vor allem in den eigenen vier Wänden besonders gut – ich nehme die Stimmungen also mit zu mir nach Hause!

IM MOMENT SEIN

Wie gern ich am Hochkogel bin! Bei aufgehendem Mond und untergehender Sonne …

Ich liebe …
die sanften Hügel bei uns im Mostviertel,
das Geräusch der Kuhglocken,
den Ötscher immer im Sichtfeld zu haben,
die Vierkanter, die sich perfekt in die Landschaft einfügen,
das hohe Gras, das bei Sonnenuntergang zu leuchten beginnt,
und ein wie gemaltes Bild aus Birnbäumen,
die mich im Frühling in ihren Bann ziehen.
Und was liebst du?

Aufgenommen am Obersee in Lunz am See

GLÜCKSGEFÜHL

Der bezaubernde Bergsee ist ein Naturjuwel. Immer wieder hatte ich das Bild von diesem idyllischen Ort vor meinem inneren Auge und umso mehr freute mich der perfekte Moment mit meiner Kamera an einem Spätsommertag. In Lunz ist die Welt noch in Ordnung und lädt zum Träumen und Verweilen ein. Ich kann dir die Wanderung an den drei Seen (Lunzer See, Mittersee, Obersee) wärmstens ans Herz legen.

f 7,1 24 mm 1/1250 ISO 320

PERFEKTION

Ich spürte es wieder, dieses Kribbeln in der Magengegend, und dachte den ganzen Tag über an das schöne Sonnenblumenfeld. Der Himmel wurde am Abend immer klarer ... Gedacht, getan! Schnell ins Auto gehüpft, und das perfekte Bild war im Kasten. Zur richtigen Zeit am richtigen Ort zu sein ist oft eine Frage der Intuition und nicht immer planbar.

Aufgenommen in Kröllendorf

f 13 · 24 mm · 1/250 · ISO 250

Herbstlicht

f 2,8 150 mm 1/3200 ISO 250

f 4,5 200 mm 1/4000 ISO 250

f 2,8 200 mm 1/1600 ISO 250

f 4,5 130 mm 1/2000 ISO 250

Alle Bilder aufgenommen bei einer Wanderung von der Siebenhütte zur Kitzhütte in Hollenstein an der Ybbs

YBBSTALER ALPEN

Berge, grüne Almen, Seen sowie jede Menge Geschichte und Kultur machen die Ybbstaler Alpen zu einem Paradies für Naturliebhaber. Die Schönheiten der Region lassen sich vielfältig erkunden, ob beim (Berg-)Wandern zur 360° Skytour Hochkar mit einem Ausblick der Superlative oder und bei einer Radtour von Ybbs an der Donau bis Lunz am See.

Aufgenommen auf der Hochreit-Alm

Weitblick

Aufgenommen am Brandstetterkogel in Neustadtl an der Donau

Wattemeer

PROCHENBERG

Der 1123 Meter hohe Hausberg der Marktgemeinde Ybbsitz in den Ybbstaler Alpen ist von mehreren Seiten über Wanderwege leicht erreichbar. Die Aussichtswarte bietet einen weiten Rundumblick, und in der Alpenvereinshütte kann man sich mit regionalen Köstlichkeiten stärken.

WAIDHOFEN AN DER YBBS

Die Stadt der sieben Türme, einst ein Zentrum der Eisenverarbeitung, besitzt eine reizende historische Altstadt. Auf Schritt und Tritt finden sich architektonische Zeugen aus dem Spätmittelalter. Imposant das Rothschildschloss mit dem interaktiven 5-Elemente-Museum und dem Glaskubus von Architekt Hans Hollein auf dem Schlossturm. Der Kristallsaal im Schloss zählt zu den schönsten und akustisch besten Konzertsälen Österreichs. Zu empfehlen ist eine Stadtführung mit dem Nachtwächter.

f 4,5 36 mm 1/500 ISO 320

Aufgenommen in Kematen an der Ybbs

Aufgenommen in Hollenstein an der Ybbs f 6,3 190 mm 1/640 ISO 400

Aufgenommen am Runzelberg f 2,8 53 mm 1/6800 ISO 400

Aufgenommen in Hochreit f 4,5 46 mm 1/320 ISO 400

Aufgenommen am Lunzer See f 2,85 70 mm 1/400 ISO 250

HOCHKAR

Das hochalpine Ski- und Wandergebiet auf 1808 Metern Seehöhe bietet Ausblicke, die einem den Atem rauben. Die 360° Skytour, eine Panoramaplattform mit 62 Meter langer Hängebrücke, gibt Rundum-Blicke vom Hochschwab bis zum Großglockner frei, man überblickt den Ostalpenraum. Schneesicher mit perfekten Pisten von Dezember bis April, ist das Hochkar auch im Sommer einen Ausflug wert – als Wandergebiet mit herrlichem Panorama.

HOCHBÄRNECK

Jede Menge Romantik verspricht das Hochbärneck im Naturpark Ötscher-Tormäuer: Das Almhaus auf 954 Metern Höhe lädt zum Besuch eines Voralpenkräutergartens und einer Sternwarte ein – hier kann man nach Voranmeldung »Sternderl schaun«. Und vom zehn Meter hohen Aussichtsturm blickt man weit ins Ötscherland. Eine beliebte Wanderroute ist die Tour zum Trefflingfall. Dort tost der beeindruckende Wasserfall über 300 Meter in Kaskaden die Klamm hinunter.

f 2,8 27 mm 1/6400 ISO 640

f 9 13 mm 1/320 ISO 800

f 4,5 24 mm 1/640 ISO 640

ÖTSCHERGRÄBEN

Tiefe Schluchten, Wasserfälle, Höhlen und aufregende Felsformationen – die Ötschergräben gelten als der Grand Canyon Österreichs. Sie liegen an der Südseite des Ötschers im Naturpark Ötscher-Tormäuer. Die etwa sechs Kilometer lange, abwechslungsreiche Wanderroute entlang des Ötscherbachs wurde bereits mehrfach ausgezeichnet, sie ist für Familien gut geeignet. Auch geführte Wanderungen werden angeboten. Ein Naturerlebnis, das restlos begeistert!

f 2,8 24 mm 1/500 ISO 400

Blick auf Stift Seitenstetten von St. Michael am Bruckbach

UMRAHMT

Oft möchte man die Dinge exakt so festhalten, wie man sie sieht. Das war in diesem Fall nur mit dem Teleobjektiv möglich. Die Äste ergeben einen natürlichen Rahmen und schaffen so eine gewisse Tiefenwirkung.

Blick auf den Ötscher entlang der Panoramahöhenstraße

MALERISCH

Zuhause ist da, wo dein Herz am lautesten schlägt. Hier im Mostviertel habe ich viele Orte gefunden, die ich als mein Zuhause bezeichnen möchte. Wo fühlst du dich daheim? Wo beginnt dein Herz ganz laut zu schlagen?

AUGENWEIDE

Der Ötscher in fabelhafter Sonnenaufgangsstimmung machte sogar mich sprachlos. An die Wanderung auf die Feldwiesalm bei Dämmerung denke ich voller Glücksgefühle zurück. Beim Hinweg sah ich Gämsen und Rotwild und war beeindruckt von der Idylle hier oben.

Aufgenommen auf der Feldwiesalm bei Taschelbach

Tagtraum

ÄSTHETISCH

Ein toller Bokeh-Effekt! Das Bokeh ist die natürliche Hintergrundunschärfe eines Bildes. Der Morgentau bei Gegenlicht sorgt für schöne Kreise im Vorder- und Hintergrund des Bilds und lässt Raum für Wirkung.

f 2,8 90 mm 1/800 ISO 160

Aufgenommen in Ybbsitz

Aufgenommen am Sonntagberg — f 8 · 24 mm · 1/800 · ISO 500

Aufgenommen in St. Leonhard am Walde — f 5,6 · 92 mm · 1/320 · ISO 320

Aufgenommen in Gresten — f 8 · 29 mm · 1/400 · ISO 400

Aufgenommen in Reinsberg — f 11 · 24 mm · 1/320 · ISO 640

Aufgenommen in Ybbsitz mit Blick auf den Maisberg

SCHATTENSPIEL

Motiv und Licht sind immer wichtiger als das Equipment. Verwende das, was du gerade dabei hast, und genieße deinen Moment mit der Kamera. Die langen Schatten bei tief stehender Abendsonne finde ich besonders schön. Versuche mit deinem Bild auch beim Betrachter ein Hochgefühl von Glück und Freude auszulösen.

Aufgenommen bei der Aussichtswarte Voralpenblick in Ertl

LICHTSPIEL

Dies ist eines der bekanntesten Fotomotive im Mostviertel. Tatsächlich habe ich hier schon zu allen Tages- und Jahreszeiten fotografiert. Die Berge im Hintergrund leuchten, und doch würde ohne Bildretusche ein wichtiger Schritt fehlen. Ich nehme meine Fotos im Rohdatenformat auf und gebe ihnen anschließend in Lightroom meinen persönlichen Stil.

SPIEGLEIN, SPIEGLEIN ...

Nicht gesucht und doch gefunden:
Der kleine Teich war traumhaft schön zu fotografieren. Spiegelungen sind bei buntem Herbstlaub besonders attraktiv, und oft erzielen selbst kleine Wasserflächen eine große Wirkung.

Aufgenommen in Gaming

f 5,6 32 mm 1/640 ISO 250

Sonnenkuss

KRAFTPLATZ

Die bunten Farben, das Rascheln des Laubes, frostige Wiesen ... Die Gegend rund um den Sonntagberg kenne ich in- und auswendig, und es ergeben sich immer wieder neue schöne Bilder. Meine Lieblingsrunde enttäuscht mich nie. Ich empfehle dir, deine Umgebung zu Fuß zu erkunden und immer wieder bewusst den Moment zu genießen.

Aufgenommen am Sonntagberg

f 11 24 mm 1/400 ISO 200

Aufgenommen in Aschbach

f 9 70 mm 1/2000 ISO 100

f 2,8 90 mm 1/640 ISO 320

GLÜCKSKIND

Sich selbst als Glückskind zu beschreiben, mag vielleicht etwas anmaßend klingen. Ich bin es, denn beim Fotografieren verlasse ich mich immer wieder auf mein Bauchgefühl. An jenem Tag war der Himmel grau in grau, dennoch machte ich spontan eine kleine Wanderung auf den Prochenberg – und da ergab sich für einige Sekunden der perfekte Moment. Meine Kamera mit dem Teleobjektiv hatte ich griffbereit ... Ich denke, der Sonntagberg wird sich so schnell nicht mehr auf diese wundersame Weise zeigen.

Aufgenommen am Prochenberg mit Blick auf den Sonntagberg

f 6,3 400 mm 1/1000 ISO 250

IDYLLE PUR

Der Ybbsuferweg ist nur wenige Gehminuten vom Stadtzentrum entfernt und zeigt Waidhofen von seiner schönsten Seite. Vor allem an heißen Tagen kann ich dir den gemütlichen Weg entlang des Wassers empfehlen.

Aufgenommen in Waidhofen an der Ybbs

f 4 24 mm 1/2500 ISO 640

Aufgenommen in Gresten

Aufgenommen am Schnabelberg in Waidhofen f 2,8 24 mm 1/4000 ISO 320

Am Schnabelberg f 3,2 24 mm 1/160 ISO 1000

Aufgenommen in Allhartsberg f 4 200 mm 1/640 ISO 500

Aufgenommen in Ybbsitz f 3,2 200 mm 1/250 ISO 200

Aufgenommen in Kürnberg

NEBELMEER

Der Herbst ist meine Zeit. Wusstet ihr, dass ich ganz verrückt nach nebeligen Herbsttagen bin? Trüb und trist sollten die Tage natürlich nicht sein ... Wenn ich Momente wie diesen hier mit der Kamera einfangen kann, blüht mein Herz auf. Der Nebel fügt sich perfekt in die Landschaft ein.

Blick auf den Sonntagberg

GOLDENER HERBST

Es gibt Momente, in denen die Zeit stillstehen sollte ... Mein Bildband ist eine Hommage an das fotogene Mostviertel. An diesem Bild siehst du einmal mehr, wie die untergehende Sonne die Landschaft in wunderbare Farben taucht.

WALDBADEN

Wusstest du, dass es sich positiv auf das Immunsystem auswirkt, wenn man Zeit im Wald verbringt? Im Wald kannst du entschleunigen, deine Energiereserven aufladen, den Alltagsstress hinter dir lassen und dich erden.

Aufgenommen in Wolfsbach

STANDFEST

Beim Festhalten von Landschaftsbildern geht es meiner Meinung nach ein Stück weit um Selbstverwirklichung. Man kann anderen zeigen, wie man die Welt um sich herum wahrnimmt und was man als schön empfindet. Einsame Bäume finde ich ganz besonders anziehend.

Aufgenommen in Windhag

f 3,5 200 mm 1/500 ISO 250

VERBORGENE SCHÄTZE

So unscheinbar und doch so zauberhaft! Achtsam mit der Natur umgehen, auf Details achten, das Schöne zu schätzen wissen, Licht sehen lernen, ins Ungewisse hinein entspannen – all das wünsche ich dir von Herzen.

f 2,8 70 mm 1/6400 ISO 320

Winterzauber

EISENSTRASSE NIEDERÖSTERREICH

Schmiede, Köhler, Holzfäller und Hammerherren, die »Schwarzen Grafen«, lebten einst in der niederösterreichischen Eisenwurzen im südlichen Mostviertel. Eisenverarbeitung und -handel bestimmten den Alltag. Heute zählt die Gegend unter dem Titel »Eisenstraße Niederösterreich« 24 Mitgliedsgemeinden, mehr als 170 Ausflugsziele und Themenwege, drei Naturparks und verbindet auf engagierte Weise Tradition und Zukunft. Die fünf Elemente – Feuer, Wasser, Holz, Metall und Erde – prägen nach wie vor ihren Charakter.

Aufgenommen bei der Siebenhütte in Hollenstein an der Ybbs

LUNZER SEE

Der malerische Lunzer See ist der einzige natürliche Badesee Niederösterreichs, die Wasserqualität ist ausgezeichnet. Er wartet mit einem Strandbad, Bootsverleih und einem Gasthaus auf und ist Schauplatz von Veranstaltungen und Festivals. Der 1700 Meter lange und 500 Meter breite See – das Meer der Lunzer – bietet ausreichend Platz zum Schwimmen, Sonnen und Schlendern. Im Winter lädt der See zum Eislaufen ein.

f 8 24 mm 1/400 ISO 200

GEMEINDEALPE

Die Gemeindealpe Mitterbach liegt mitten im Naturpark Ötscher-Tormäuer und bietet auf 1626 Meter Seehöhe herrliche Ausblicke. Von der Bergstation aus sind der Gipfel samt massivem Gipfelkreuz und das Terzerhaus als Einkehrmöglichkeit nur wenige Schritte entfernt. Rund um den Gipfel schlängelt sich ein 800 Meter langer, kinderwagentauglicher Panoramarundweg. Im Winter ist die Gemeindealpe ein beliebtes Ski- und Snowboardparadies für ambitionierte Sportler.

f 6,3 29 mm 1/320 ISO 250

TIROLERKOGEL

Viele Wege führen auf den Tirolerkogel bei Annaberg. Er gilt als idealer Gipfel für Familien und Freizeitwanderer. Die idyllische Berglandschaft punktet mit vielen gemäßigten Routen quer durch Wald und Wiesen und herrlichen Panorama-Aussichten. Das Alpenverein-Schutzhaus Annaberger Haus ist ganzjährig geöffnet.

STILLE

An jenem Wintertag war es unbeschreiblich kalt und ich konnte ohne Handschuhe kaum fotografieren. Ein Tipp: Akkus sind kälteempfindlich, deshalb nimm unbedingt zusätzlich voll aufgeladene Akkus mit und trage sie am besten am Körper.

Aufgenommen am Mittersee in Lunz

f 8 24 mm 1/250 ISO 640

BILDERBUCH-MOMENT

»Sag mir, was wirst du tun mit diesem einen wilden und kostbaren Leben?« (Zitat Mary Oliver) – Ich will es in vollen Zügen genießen und ein authentisches Leben nach meinen Vorstellungen führen!

Aufgenommen am Sonntagberg

f 4,5 · 24 mm · 1/640 · ISO 500

Aufgenommen am Maiszinken in Lunz am See f 10 · 24 mm · 1/640 · ISO 400

Aufgenommen in der Urmannsau f 8 · 24 mm · 1/250 · ISO 320

Aufgenommen am Hubertussee in Mariazell f 10 · 24 mm · 1/640 · ISO 320

Aufgenommen in Lackenhof f 13 · 67 mm · 1/320 · ISO 250

Bürgeralpe mit Erzherzog-Johann-Aussichtswarte

HARMONIE

Wer seine Umgebung achtsam betrachtet, kommt im Mostviertel aus dem Staunen nicht mehr heraus. Hochreit ist einerseits ein wunderbares Langlaufgebiet und andererseits kann man von hier aus tolle Wanderungen starten – ich für meinen Teil habe mich in das Hochplateau verliebt.

Aufgenommen in Hochreit

Inspiration

ZAUBERLICHT

Unser Leben ist eine Summe aus Momenten. Ich möchte so viele schöne und einzigartige Momente mit meiner Kamera festhalten, um mich für immer zurückzuerinnern. Und ich staune immer wieder, welch wunderschöne Orte ich schon besuchen durfte und wie unermüdlich ich mich zu meinen Fotoreisen motiviert habe. Nicht nur für mich, auch für dich!

Aufgenommen in Franzenreith

VERÄNDERUNG

Dieses Bild bedeutet mir unheimlich viel, da es entlang meiner Lieblingsrunde am Sonntagberg aufgenommen wurde und der Baum heute leider nicht mehr steht. Das Bild zeigt für mich den Wandel der Natur – nichts bleibt auf ewig, alles verändert sich.

f 9 44 mm 1/800 ISO 100

MINIMALISMUS

Die Landschaftsfotografie ist ein durchaus herausforderndes Genre. Ich hoffe, du kannst einen Nutzen aus meinen Tipps ziehen und aussagekräftige Bilder festhalten. Manchmal ist weniger mehr, und so ist dieses schlichte Winterbild entstanden. Der Fokus liegt klar auf dem verschneiten Hochstand entlang des Zauns.

Aufgenommen am Sonntagberg

f 4,5 51 mm 1/320 ISO 640

SEHNSUCHT

Der Erlaufsee gefällt mir vor allem im Winter gut. Der klare Bergsee ist hier noch nicht zugefroren, die Bäume leicht mit Schnee angezuckert. Die kleine Holzhütte am Ufer macht das Fotomotiv perfekt, sie fügt sich wunderbar in die Drittel-Regel ein.

Aufgenommen in Mitterbach am Erlaufsee

f 11 24 mm 1/125 ISO 200

FARBENSPIEL

Für mich muss es nicht zwingend immer das erste Seitenlicht auf den Landschaften sein. Gerne mag ich es, auch einmal die Stimmung vor dem Aufgehen der Sonne festzuhalten. Plane am besten immer mindestens eine halbe Stunde vor bzw. nach Sonnenaufgang oder -untergang ein, denn hier tut sich am Himmel einiges!

Aufgenommen in Allhartsberg

f 22 70 mm 1/160 ISO 250

WINTERPARADIES

Ein Tag wie im Bilderbuch! Ich stapfte mit Schneeschuhen gemütlich durch das Winterwunderland und wurde mit perfekten Aufnahmen belohnt. Frischer Neuschnee und ein Sonnenuntergang, der schöner nicht hätte sein können – 10/10 Punkte!

Entlang der Feldwiesalm hinauf zur Gemeindealpe

Blick auf St. Aegidi, aufgenommen in St. Leonhard am Walde

f 20 35 mm 1/250 ISO 400

Aufgenommen in Konradsheim

f 2,8 130 mm 1/5000 ISO 320

KONTRASTREICH

Achte in der kalten Jahreszeit ganz besonders auf Lichtkontraste und Farbpunkte im Motiv. Der Wettergott war bei dieser Wanderung nicht auf meiner Seite, und doch strahlt das neblige Winterbild eine gewisse Ruhe aus. Manchmal muss man einfach das Beste aus der Situation machen.

Aufgenommen am Hochstadelberg

f 2,8 24 mm 1/2000 ISO 400

FOTOTIPPS FÜR DICH

1. Übung macht den Meister!
2. Probiere Neues: neue Techniken, Perspektiven, Orte oder neue Lichtstimmungen.
3. Mach dir nicht zu viele Gedanken über dein Equipment.
4. Suche dir Vorbilder und Communitys, mit denen du dich austauschen kannst.
5. Lass dich nicht entmutigen!
6. Lerne deine Kamera kennen und beherrsche sie blind.
7. Investiere in Weiterbildung und Wissen.
8. Beobachte deine Umwelt.
9. Lerne und brich die Regeln.
10. Nimm dir Zeit für deine Fotos.
11. Fotografiere in RAW.
12. Lerne die Bildbearbeitung.
13. Erzähle Geschichten mit deinen Bildern.
14. Lass deine Fotos drucken.
15. Bleib kreativ!
16. Rahme dein Motiv ein.
17. Folge dem Licht!
18. Baue dein Bild in mehreren Ebenen auf.
19. Suche dir einen ruhigen Hintergrund.
20. Wende die Drittel-Regel an.
21. Lass dich inspirieren!
22. Bereite dich gut vor.
23. Verändere deine Perspektive.
24. Hab Spaß!

KONTRASTREICH

Achte in der kalten Jahreszeit ganz besonders auf Lichtkontraste und Farbpunkte im Motiv. Der Wettergott war bei dieser Wanderung nicht auf meiner Seite, und doch strahlt das neblige Winterbild eine gewisse Ruhe aus. Manchmal muss man einfach das Beste aus der Situation machen.

Aufgenommen am Hochstadelberg

f 2,8 24 mm 1/2000 ISO 400

FOTOTIPPS FÜR DICH

1. Übung macht den Meister!
2. Probiere Neues: neue Techniken, Perspektiven, Orte oder neue Lichtstimmungen.
3. Mach dir nicht zu viele Gedanken über dein Equipment.
4. Suche dir Vorbilder und Communitys, mit denen du dich austauschen kannst.
5. Lass dich nicht entmutigen!
6. Lerne deine Kamera kennen und beherrsche sie blind.
7. Investiere in Weiterbildung und Wissen.
8. Beobachte deine Umwelt.
9. Lerne und brich die Regeln.
10. Nimm dir Zeit für deine Fotos.
11. Fotografiere in RAW.
12. Lerne die Bildbearbeitung.
13. Erzähle Geschichten mit deinen Bildern.
14. Lass deine Fotos drucken.
15. Bleib kreativ!
16. Rahme dein Motiv ein.
17. Folge dem Licht!
18. Baue dein Bild in mehreren Ebenen auf.
19. Suche dir einen ruhigen Hintergrund.
20. Wende die Drittel-Regel an.
21. Lass dich inspirieren!
22. Bereite dich gut vor.
23. Verändere deine Perspektive.
24. Hab Spaß!